- 차 례 -

1. 1인 창조기업 개념 및 업종..........................6

2. 1인 창조기업 전망 및 지원.........................16

3. 창업의 절차...25
 3-1 창업 시 체크해야 할 점
 3-2 아이템 선정 시 주의 할 점
 3-3 사업계획서 작성
 3-4 창업 시 자금조달
 3-4 창업 시 알아야 할 세무 회계

4. 1인 창조기업 사례.......................................87

5. 부록

등장인물 소개

포코
창업의 신, 취업에 시련을 겪고
있는 많은 청년들에게 창업을 통해
희망을 전도하는 전도사로서
우리의 주인공 네모에게
1인 창조기업의 설립을
지도해 준다.

네모
대학 졸업을 앞둔, 창의력이
풍부하고 도전정신이 강한 청년으로
취업보다는 창업을 결심하고 있다.
1인 창조기업 설립에 고군분투하는
도전자로 우리의 청년들에게 희망의
메시지를 선사하는 주인공.
다 함께 네모의 성공을 지켜봐 주시길.....

세모
네모의 여자친구로 네모 곁에서
용기와 힘을 북돋아 주는 따뜻한
마음의 소유자

하아....그래...
넌 항상 '다정한 미소로
나를 반겨주었지...
그래...너는...

힘이 들때마다항상
힘이되어주었어...

그래...

1. '1인창조기업' 개념 및 업종

우리나라의 프리랜서는 약 34만명으로 추산되는데 이들 가운데 상당수는 사업자 등록을 하지 않았을 뿐, 자신의 아이디어와 전문 기술을 바탕으로 일하는 사실상 '1인 창조기업'이라고 볼 수 있기 때문이야~

창조성은 사업 아이템뿐 아니라 기업의 운영에서도 나타날수 있는데, 이러한 것들은 간과하는 경향이 있어

1인 창조기업의 정의

- **기업규모**: 창의적인 아이디어 등 포함.. 가족기업, 도제기업(사제관계)
- **기업형태**: 영리를 주 목적으로 경제활동을 하는 법적인 기업
- **대상업종**: 국민의 창조아이디어등이 발현되어 경제적 부가가치 일자리 창출이 타업에 비해높은 업종.

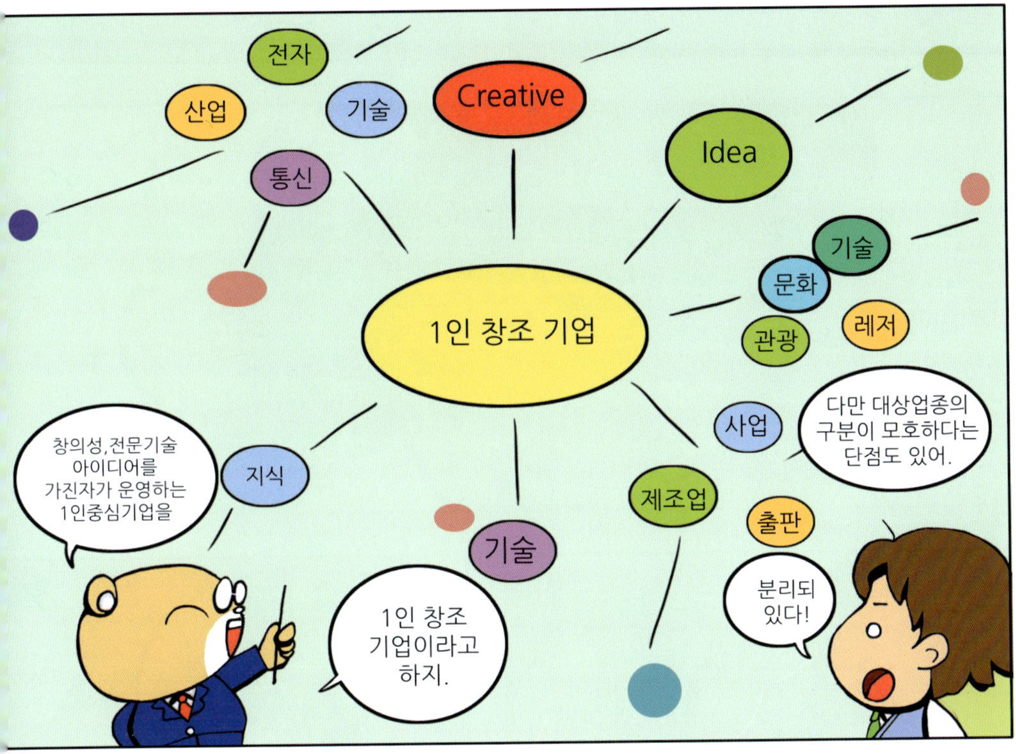

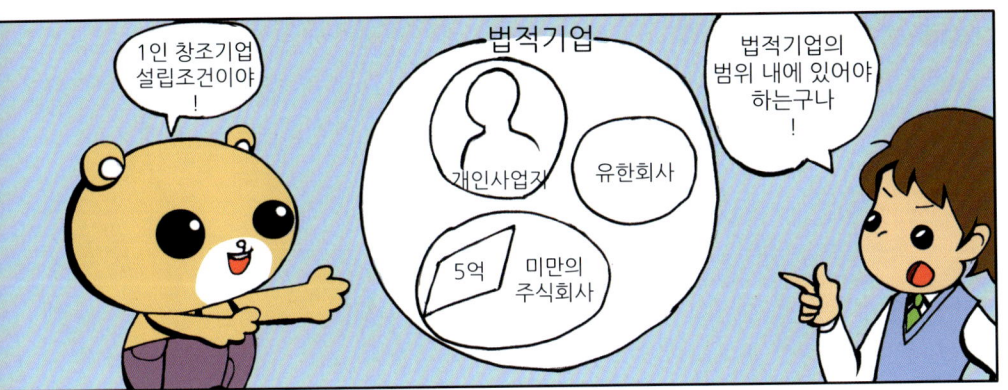

주식회사는 네덜란드의 동인도회사가 시초지 영국 산업혁명의 주역이야

대기업집단인 일본은 70~80년대 그룹체제와 계열화에 힘입어 미국을 바짝 추겼했구

참고로 기업은 창조적 소수우대! 개인은 취업보다 창업을 선호하는 추세라구!

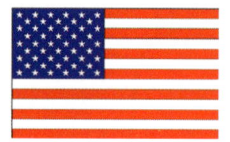
미국은 90년대 디지털 혁명을 주도! 20세기에 대량생산 방식을 확립했어

'1인기업'한국은 21세기 새로운 기업 패러다임의 시기를 맞이했지

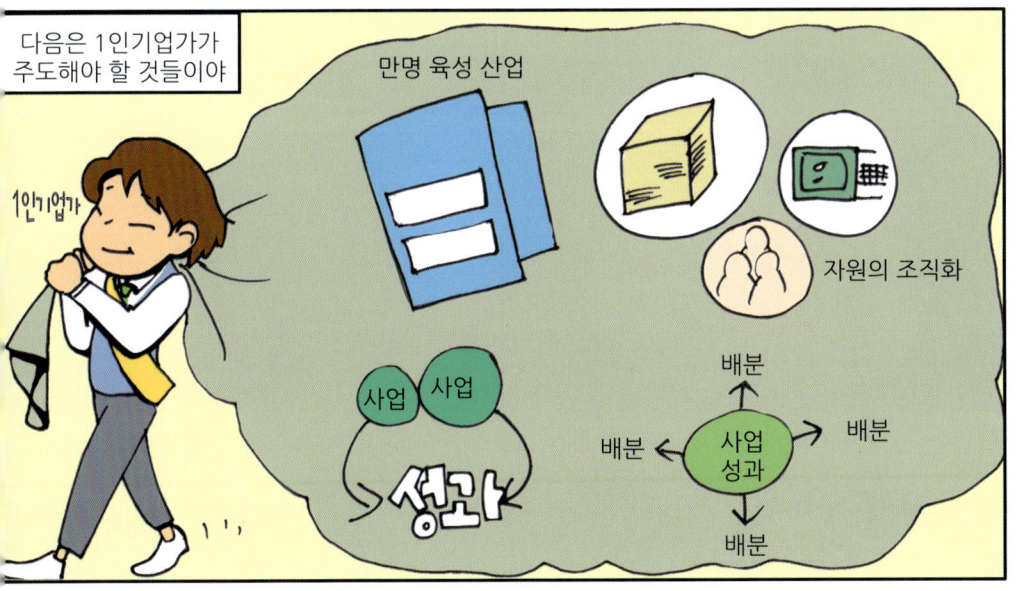

2. '1인창조기업' 전망 및 지원

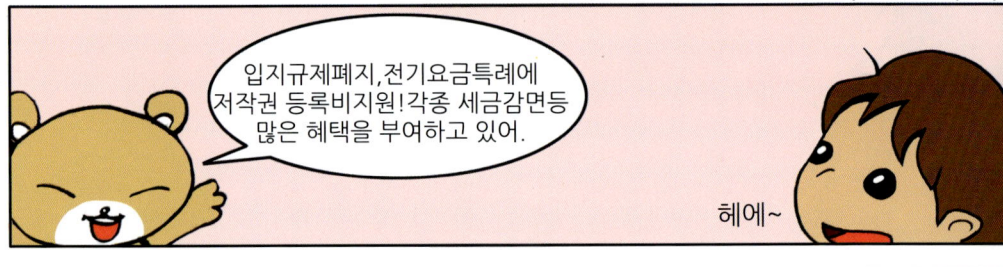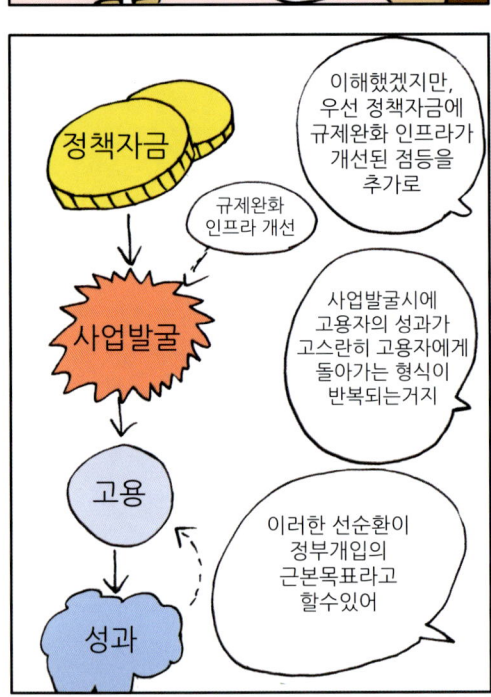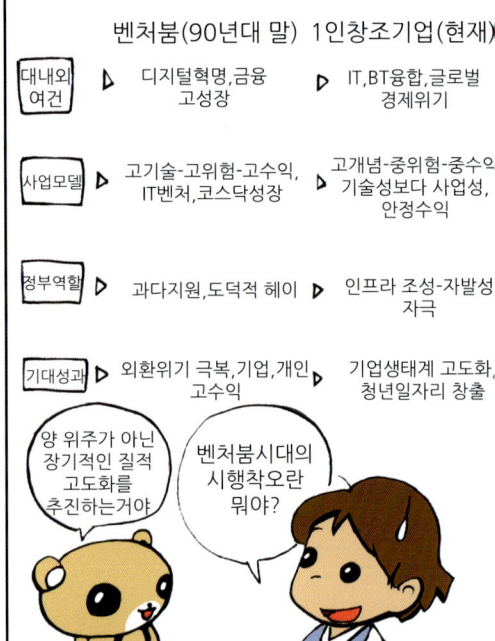

일자리창출정책과 연계한 '1인창조기업' 육성

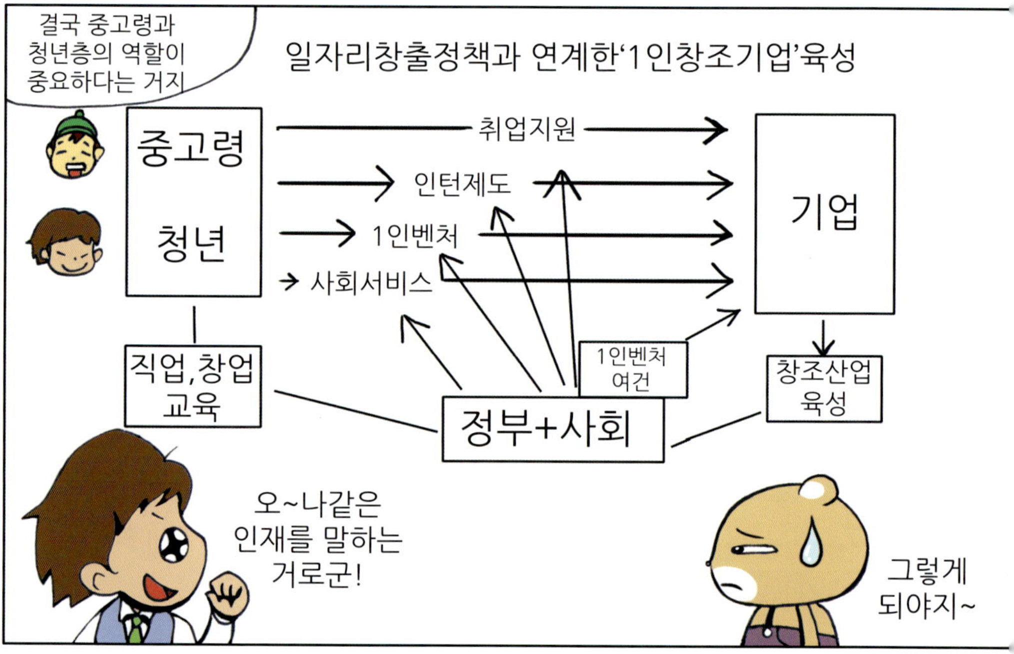

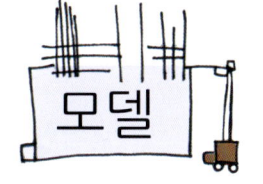

3. 창업의 절차

3-1 창업시 체크해야 할 점
3-2 아이템 선정 시 주의할 점
3-3 사업계획서 작성
3-4 창업 시 자금조달
3-5 창업 시 알아야할 세무 회계

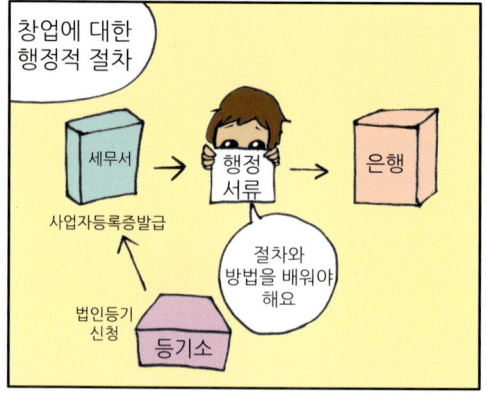

창업준비의 체크사항

① 창업동기는 명확한가?

② 창업하려는 사업에 대해 경험 또는 지식이 있는가?

③ 사업을 계속할 자신이 있는가?

④ 가족에게 응원을 받고 있는가?

⑤ 창업장소는 정해져 있는가?

⑥ 사원은 확보할 수 있는가?

⑦ 판매방식은 정했는가?

⑧ 매출 및 이익 등을 예측해 봤는가?

⑨ 자기자금 준비는 했는가?

⑩ 사업계획서를 작성했는가?

*자세한내용부록참고

업종, 즉 아이템을 고를때 알아둬야할 점을 얘기해 줄거야.

아하~

상품성

창업자가 잘 아는 제품인가?

상품이 비필수품이거나 사치품은 아닌가?

정부의 인·허가 등에 의한 제한이나 독점은 없는가?

시장성

시장의 규모, 예상되는 고객의 수는 어느 정도인가? 국내 및 해외 시장규모는 금액으로 어느 정도인가?

경쟁성
경쟁자의 세력 및 지역별 분포는 어떤가? 경쟁제품과 비교했을 때 품질과 가격관계는 유리한가? 판매 유통이 용이하며, 물류비용이 저렴한가?

시장의 장래성
잠재 고객수의 증가는 있는가? 새로운 창업기업의 침투 가능성은 어느 정도인가? 소비자 성향이 안정적이고, 필요성이 증가하는가?

내부환경 가정환경 경험여부 본인의 성격, 체력 자금조달 규모 등....

수익성

제품생산비용의 효익성
적정 비용으로 제품을 생산할 수 없는 요인이 있는가?
생산공정이 복잡하지 않고, 효율성은 있는가?

적정 이윤 보장성
원자재 조달이 용이하고, 값은 안정적인가?
필요한 노동력 공급이 용이하며 저렴한가?
적정 이윤이 보장되는가?

안정성

위험수준
경제순환 과정에서 불황 적응력은 어느 정도인가? 기술적 진보 수준은 어느 정도이며, 기술적 변화에 쉽게 대처할 수 있는가?

자금투입 적정성
초기 투자액은 어느 정도이며 자금조달이 가능한 범위인가? 이익이 실현되는데 필요한 기간은 어느정도이며, 그 동안 자금력은 충분한가?

재고수준
원자재 조달, 유통과정상 평균재고 수준은 어느정도 이며, 재고 상품의 회전기간은 어느 정도인가?

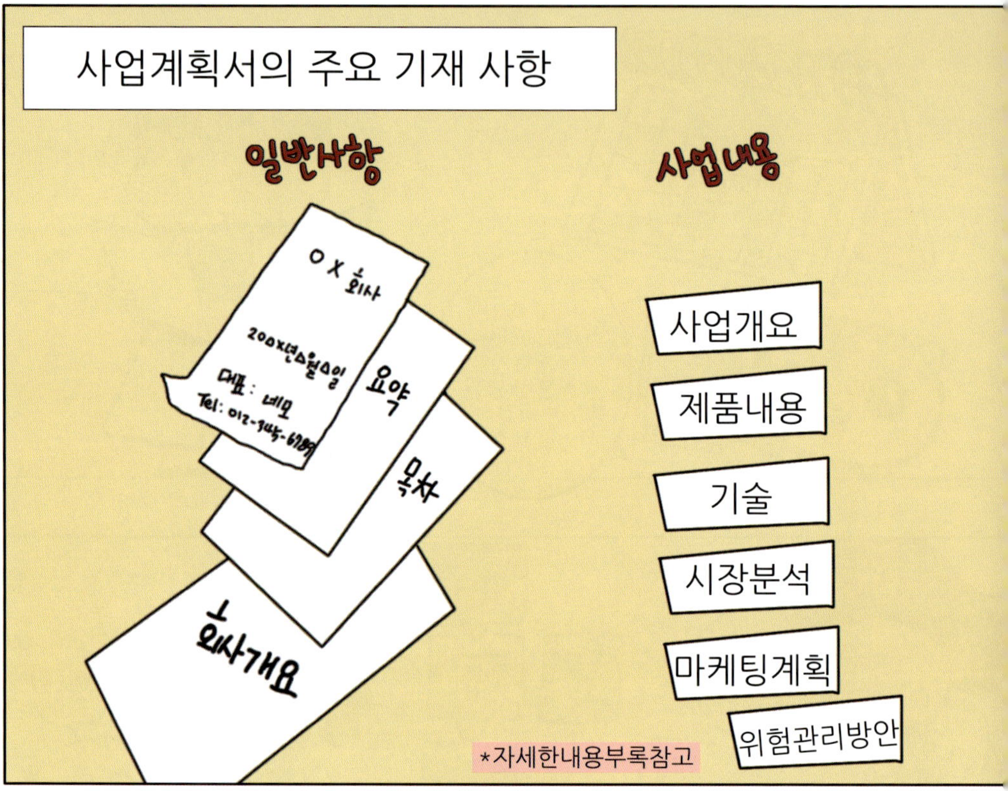

사업계획서의 주요 기재 사항

일반사항
- 회사개요
- 요약
- 목차
- 회사개요

사업내용
- 사업개요
- 제품내용
- 기술
- 시장분석
- 마케팅계획
- 위험관리방안

*자세한내용부록참고

사업계획서 작성시 유의사항~!

"이만하면 사장님도 마음에 들어하실거야!"

→ 자신감을 기초로 작성합니다.

"내 지능테스트해? 말이 다 어렵잖아!!"

전문적 용어사용은 가급적 피하고 단순보편적 내용으로 합니다.

"사업전망에 누가 개인생각을 적어넣으랬죠!"

→ 객관성을 지녀야 합니다.

"무슨생각으로 이런 거액을..."

자금조달계획은 정확하고 현실성있게 작성 합니다.

"다른 사항들은 잘 작성했군..!"

"아... 감사합니다.."

"아..."

첫째로는 대내적 용도가 있어요.

창업자 자신을 위하여,

가족의 동의를 얻기 위하여.

보통 사업계획서를 작성하는 목적은 크게 두가지로 요약할수 있습니다.

대외적 용도로는..

얼른 와~

자금을 조달하기 위하여,

또 수요자나 공급자의 신용확보를 위하여 작성하는 것이죠.

작성순서

① 작성 목적에 따른 기본방향을 잘 설정해야 합니다.

② 소정 양식의 유무를 검토합니다.

③ 계획의 체계및 목차를 설정합니다.

④ 필요한 정보및 자료를 수집합니다.

⑤ 계획서 서식(양식)을 구상하고 설정합니다.

⑥ 사업계획서를 작성합니다.

사업계획서의 작성순서에요~

사업계획서 작성방법 *자세한내용부록참고

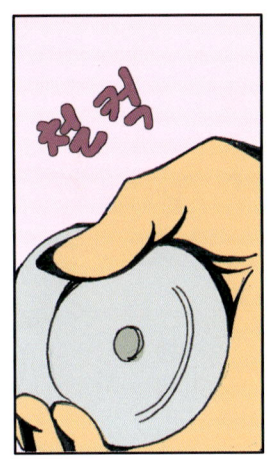

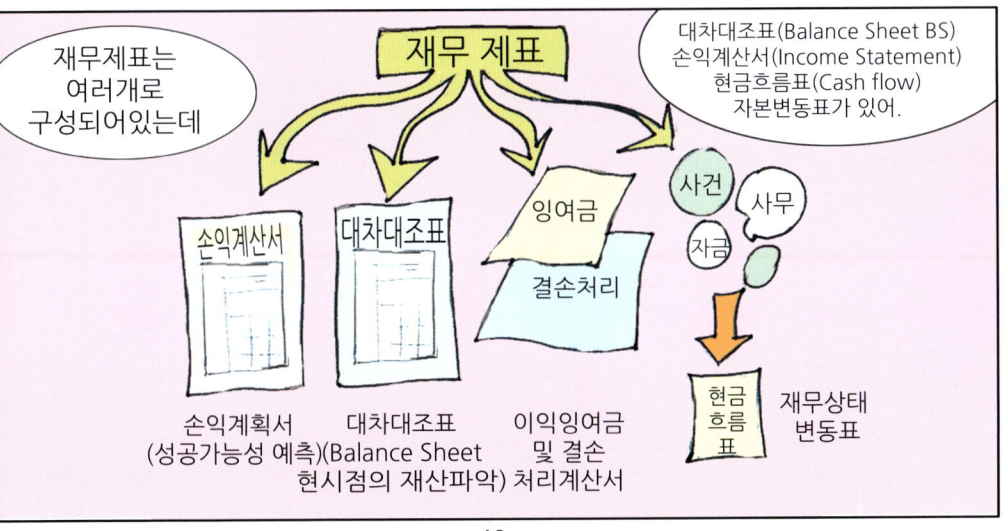

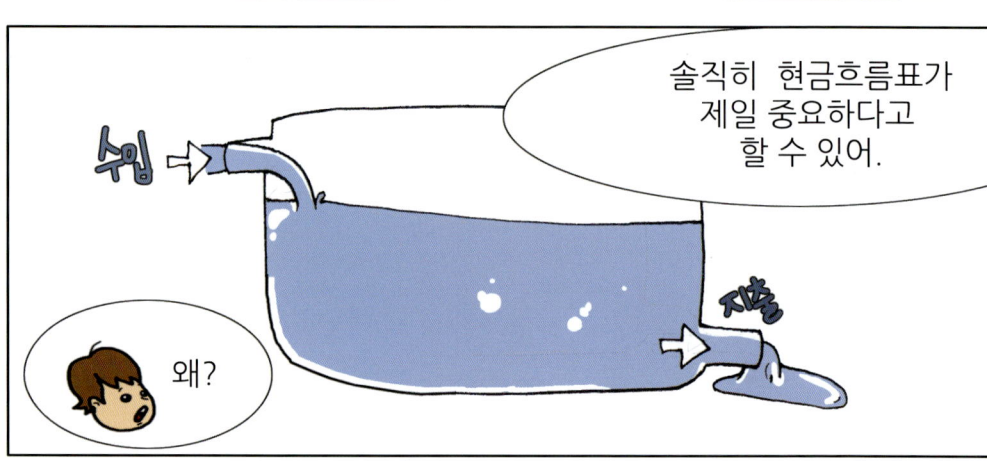

그런데 아버지가 보너스를 받았으면 어머니 입장에서 보면 수익이 되잖아

남는 장사가 되게 하기 위해서 지출을 잘 계산해야 하는거야. 지출계산이 되면 얼마를 벌어야 이익을 내겠구나 하고 재무계획을 세우는거지

손익분기점은 영어로 Break even point(BEP) 라고 하며 총수익과 총비용이 일치되는 판매량을 의미해. 이점에서의 영업 이익은 0이지

이 때까지 설명한 재무제표라든지 재무계획이라든지 이해가 되지?

다시 말해 한 기간의 총수익과 총비용이 일치한 시점이야

총비용은 고정비용+변동비용이지.

으잉~! 수학계산?!

그럼 손익분기점 계산방법을 봅시다~

$$X = F/(1 - V/S)$$

일정기간 고정비=F
동기간 매출액=S
분기점 매출액=X

동기간 변동비=V
변동비율=V/S

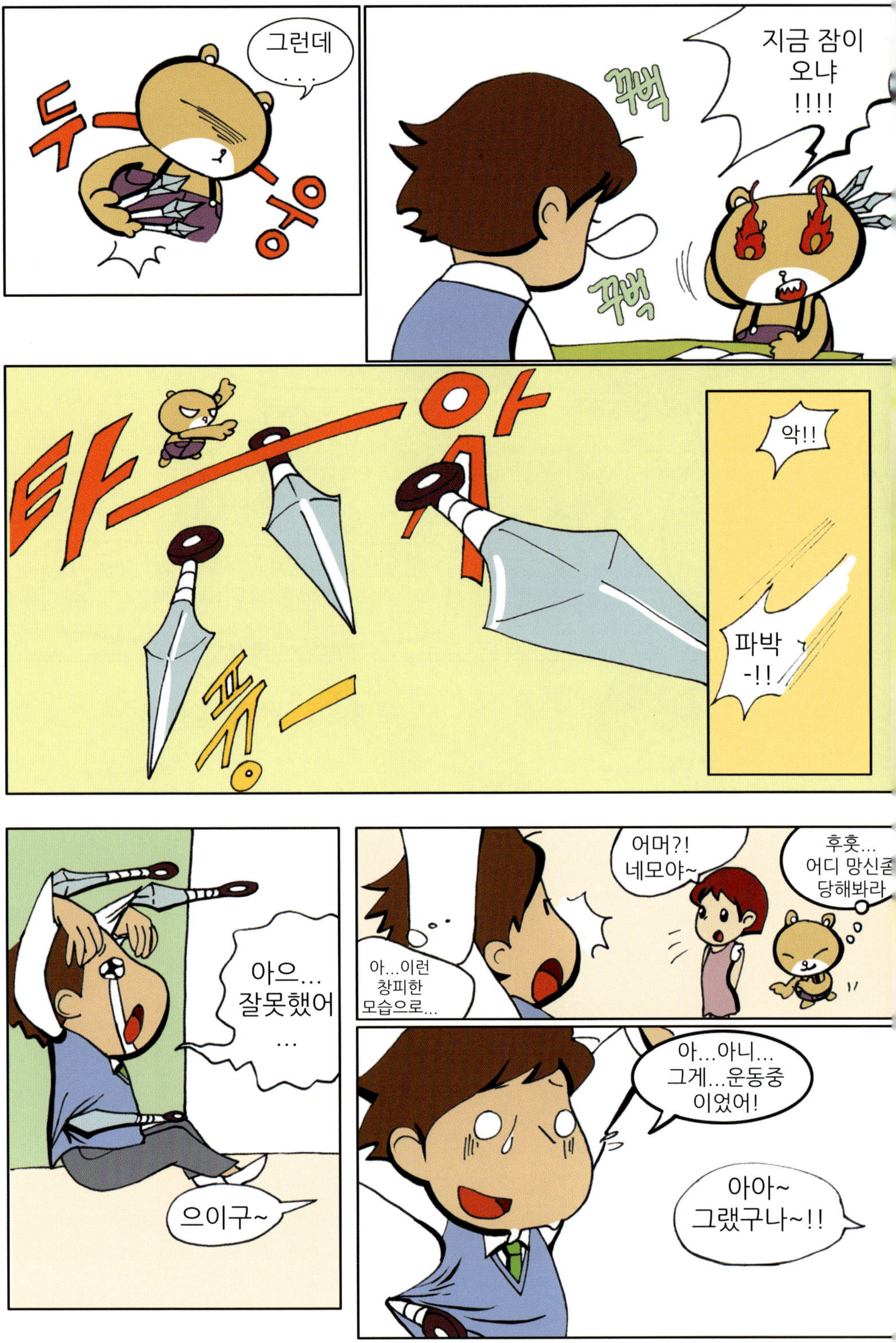

중소기업진흥공단을 통한 지원에는...

1. 먼저 상담 및 신청접수

2. 기업평가 : 사업 타당성평가 및 진단

3. 지원 결정 및 통보

4. 자금대출

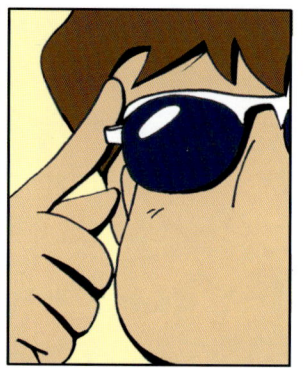

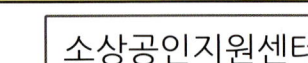

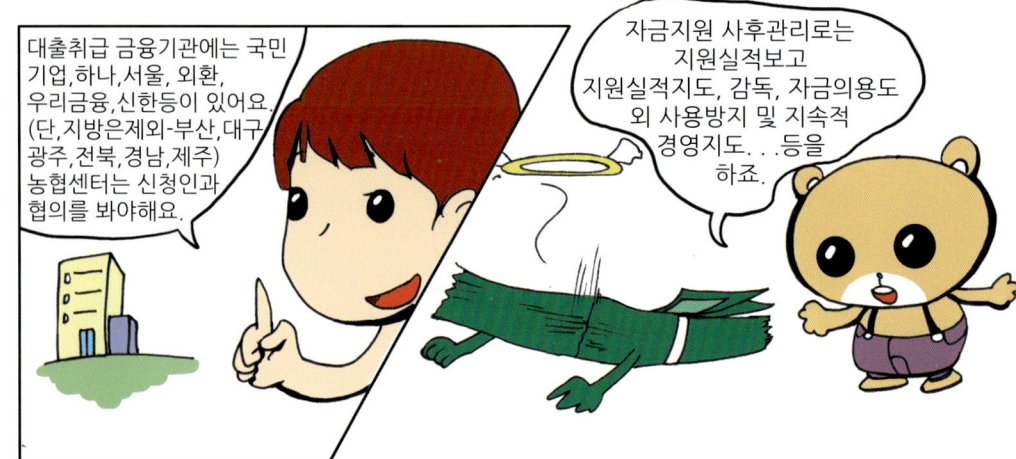

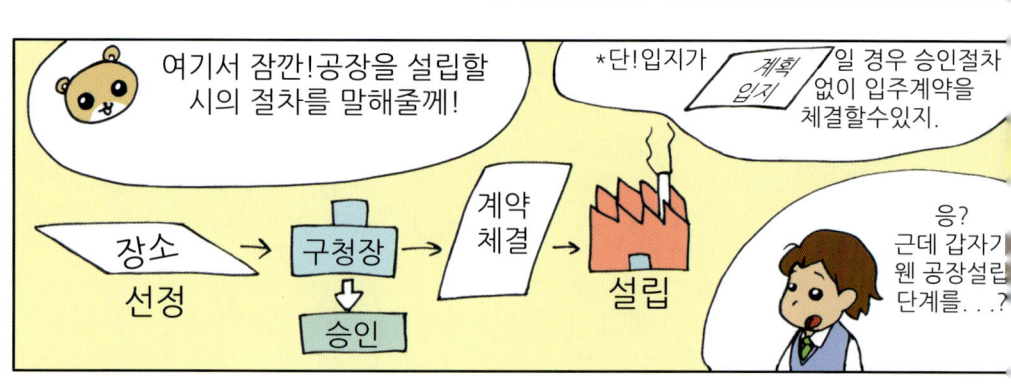

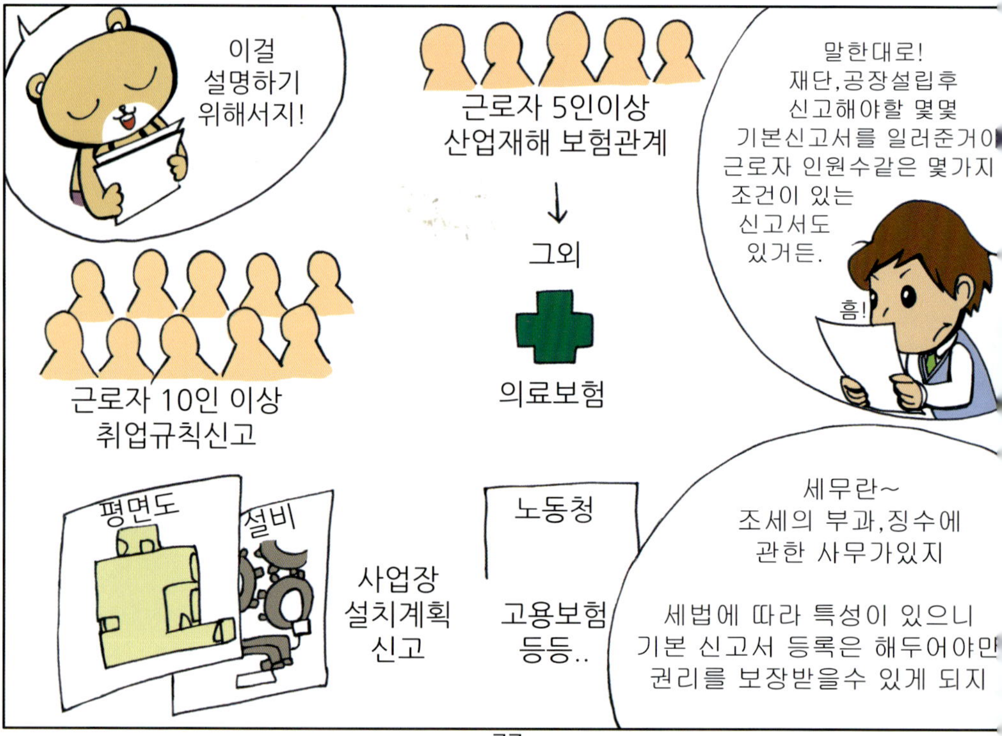

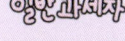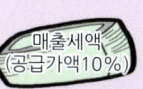

업종별 부가가치율

소매업 — 15%

제조업
전기·가스
및
수도사업 — 20%

농·수·임·어업
건설업
부동산임대업
기타서비스업
음식점업
숙박업 — 30%

개인사업자의 부가가치세는 1년에 2번 1월과 7월에 신고·납부해

구분	제1기		제2기	
	신고사항	신고기간	신고사항	신고기간
예정신고	1.1~3.31 실적	4.1~4.25	7.1~9.30 실적	10.1~10.25
확정신고	4.1~6.30 실적	7.1~7.25	10.1~1.31 실적	다음해1.1~1.25

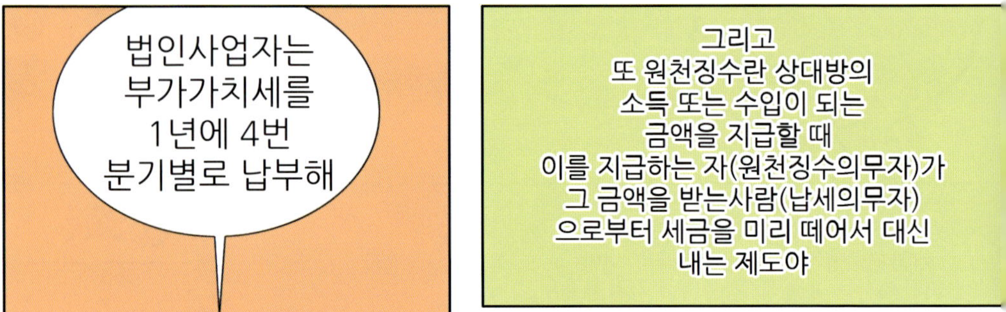

법인사업자는 부가가치세를 1년에 4번 분기별로 납부해

그리고 또 원천징수란 상대방의 소득 또는 수입이 되는 금액을 지급할 때 이를 지급하는 자(원천징수의무자)가 그 금액을 받는사람(납세의무자)으로부터 세금을 미리 떼어서 대신 내는 제도야

예를들면 직원에게 급여를 줄때 지급할 때마다 간이세액표에 의해 소득세를 떼어 납부하는 거지

소득세는~

소득에 대해 다음 해 5/1~5/31사이에 신고, 납부! 근로소득세는 원천징수하여 다음달 10일까지납부

과세사업자는~ 부가가치세

매년 1월25 ~ 7월25

4월 10월 고지한 예정고지세액을 그달 25일까지 납부

면세사업자는~

1/1~12/31간 연세수입 금액을 다음해 1/31까지 사업장현황 신고

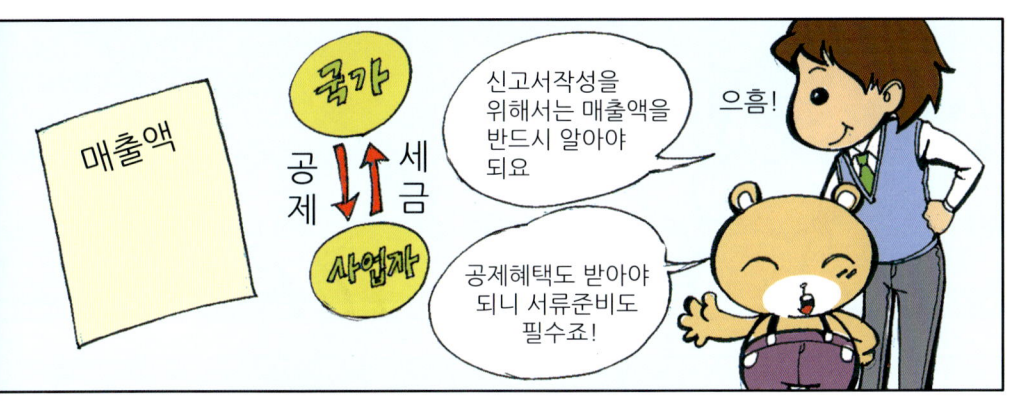

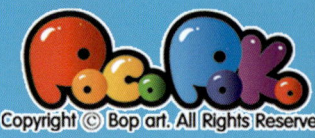

4. 1인 창조기업 사례

제 좋지 않은 발음 때문에 아들은 제가 동화책 읽어 주는 걸 거절했고

첫째, 연구개발기간을 줄일 수 있는 아이템을 선정하여 위험을 줄이고, 시장의 반응을 빠르게 체크할 수 있는 아이템이어야 한다.

두 번째로는, 시장크기의 분석을 세밀히 하여 타켓팅을 좁혀 최대한의 매출을 올려야 해요.

세 번째는, 가장 결정적인 시장판로개척에 자신감이 있어야 겠죠?

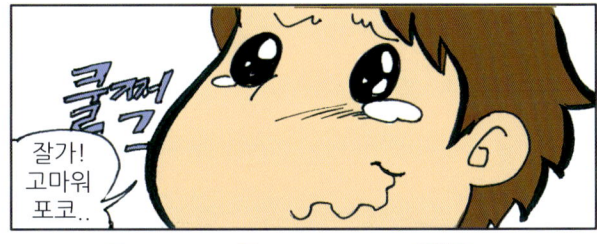

5. 부록

부   록

1인 창조기업 육성에 관한 법률안

제1조(목적) 이 법은 창의성과 전문성을 갖춘 국민의 1인 창조기업 설립을 촉진하고 그 성장기반을 조성하여 1인 창조기업을 육성함으로써 국민경제의 발전에 이바지함을 목적으로 한다.

제2조(정의) 이 법에서 "1인 창조기업"이란 창의성과 전문성을 갖춘 1인이 상시근로자 없이 대통령령으로 정하는 지식서비스업, 제조업 등을 영위하는 자를 말한다.

제3조(1인 창조기업 인정의 특례) 1인 창조기업이 규모 확대의 이유로 1인 창조기업에 해당하지 아니하게 된 경우에는 그 사유가 발생한 연도의 다음 연도부터 3년간은 제2조에도 불구하고 1인 창조기업으로 본다. 다만, 1인 창조기업 외의 기업과 합병하거나 그 밖에 대통령령으로 정하는 사유로 1인 창조기업에 해당하지 아니하게 된 경우에는 그러하지 아니하다.

제4조(다른 법률과의 관계) 1인 창조기업의 육성에 관하여 다른 법률에 특별한 규정이 있는 경우를 제외하고는 이 법에 따른다.

제5조(1인 창조기업 육성계획의 수립 등) ① 중소기업청장은 1인 창조기업을 육성하기 위하여 3년마다 1인 창조기업 육성계획(이하 "육성계획"이라 한다)을 문화체육관광부장관 등 관계 중앙행정기관의 장과 협의를 거쳐 수립·시행하여야 한다.

② 육성계획에는 다음 각 호의 사항이 포함되어야 한다.

1. 1인 창조기업의 육성을 위한 정책의 기본방향

2. 1인 창조기업의 창업지원에 관한 사항
  3. 1인 창조기업의 기반조성에 관한 사항
  4. 1인 창조기업 관련 통계 조사·관리에 관한 사항
  5. 그 밖에 1인 창조기업의 육성을 위하여 필요한 사항
  ③ 중소기업청장은 육성계획의 수립과 시행을 위하여 필요한 경우에는 관계 중앙행정기관의 장과 1인 창조기업 육성에 관련된 기관 또는 단체에 대하여 자료의 제출이나 의견의 진술을 요청할 수 있다. 이 경우 요청을 받은 관계 중앙행정기관의 장 등은 특별한 사정이 없으면 요청에 따라야 한다.

제6조(실태조사) ① 중소기업청장은 1인 창조기업을 체계적으로 육성하고 육성계획을 효율적으로 수립·추진하기 위하여 매년 1인 창조기업의 활동현황 및 실태 등에 대한 조사를 하고 그 결과를 공표하여야 한다.
  ② 중소기업청장은 제1항에 따른 실태조사를 하기 위하여 필요한 경우에는 「공공기관의 운영에 관한 법률」에 따른 공공기관, 1인 창조기업 또는 관련 단체에 대하여 자료의 제출이나 의견의 진술 등을 요청할 수 있다. 이 경우 요청을 받은 공공기관 등은 특별한 사정이 없으면 요청에 따라야 한다.

제7조(종합관리시스템 구축·운영) 중소기업청장은 1인 창조기업 관련 정보를 종합적으로 관리하고 1인 창조기업 간의 협력기반 구축 및 1인 창조기업 활동에 유용한 정보를 제공하기 위하여 종합관리시스템을 구축·운영할 수 있다.

제8조(1인 창조기업 지원센터의 지정 등) ① 정부는 1인 창조기업 및 1인 창조기업을 하고자 하는 자를 지원하기 위하여 필요한 전문인력과 시설을 갖춘 기관 또는 단체를 1인 창조기업 지원센터(이하 "지원센터"라 한다)로 지정할 수 있다.
  ② 지원센터는 다음 각 호의 사업을 한다.
  1. 1인 창조기업에 대한 작업공간 및 회의장 제공

2. 1인 창조기업에 대한 경영·법률·세무 등의 상담
3. 그 밖에 중소기업청장이 위탁하는 사업

③ 정부는 제1항에 따라 지정한 지원센터에 대하여 예산의 범위에서 제2항 각 호의 사업을 수행하는데 필요한 경비의 전부 또는 일부를 지원할 수 있다.

④ 정부는 지원센터가 다음 각 호의 어느 하나에 해당하는 경우에는 지정을 취소하거나 6개월 이내의 범위에서 기간을 정하여 업무의 전부 또는 일부를 정지할 수 있다. 다만, 제1호에 해당하는 경우에는 지정을 취소하여야 한다.

1. 거짓이나 그 밖의 부정한 방법으로 지정을 받은 경우
2. 지정받은 사항을 위반하여 업무를 행하는 경우
3. 제5항에 따른 지정기준에 적합하지 아니하게 되는 경우

⑤ 지원센터의 지정 및 지정취소의 기준·절차 및 운영 등에 필요한 사항은 대통령령으로 정한다.

제9조(지식서비스 거래지원) ① 중소기업청장은 1인 창조기업의 지식 서비스 거래를 활성화하기 위하여 1인 창조기업으로부터 지식서비스를 제공받는 자에 대한 지원사업을 할 수 있다.

② 제1항에 따른 지원사업의 대상 및 방법 등에 필요한 사항은 대통령령으로 정한다.

제10조(교육훈련 지원) ① 정부는 1인 창조기업 및 1인 창조기업을 하고자 하는 자의 전문성과 역량을 강화하기 위하여 교육훈련을 지원할 수 있다.

② 정부는 제1항에 따른 교육훈련에 관한 업무를 대통령령으로 정하는 인력 및 시설 등을 갖춘 법인으로서 정부가 지정하는 기관 또는 단체(이하 "교육기관"이라 한다)에 위탁할 수 있다.

③ 정부는 제2항에 따라 교육훈련에 관한 업무를 위탁받은 교육기관에 대하여 대통령령으로 정하는 바에 따라 업무 수행에 필요한 경비의 전부 또는 일부를 지원할 수 있다.

④ 정부는 교육기관이 제1항에 따른 교육훈련에 관한 업무를 충실히 수행하지 못하거나 제5항에 따른 지정기준에 미치지 못하는 경우에는 지정을 취소하거나 6개월 이내의 범위에서 기간을 정하여 업무의 전부 또는 일부를 정지할 수 있다.

⑤ 교육기관의 지정 및 지정취소의 기준·절차 등에 필요한 사항은 대통령령으로 정한다.

제11조(연계형 기술개발 지원) ① 중소기업청장은 우수한 아이디어와 기술을 보유한 1인 창조기업이 「중소기업기본법」에 따른 중소기업과 공동으로 기술개발을 하려는 경우에는 1인 창조기업과 중소기업에 대하여 기술개발 지원을 할 수 있다.

② 제1항에 따른 지원의 절차와 범위 등에 필요한 사항은 대통령령으로 정한다.

제12조(아이디어의 사업화 지원) ① 정부는 사업 성공 가능성이 높은 아이디어를 가진 1인 창조기업을 선정하여 아이디어의 사업화를 위한 지원을 할 수 있다.

② 정부는 제1항에 따라 아이디어의 사업화 지원 대상으로 선정된 1인 창조기업이 아이디어의 도용 등 부정한 방법으로 선정된 때에는 선정을 취소할 수 있다.

③ 제1항 및 제2항에 따른 선정 및 선정취소의 기준·절차, 지원의 범위 등에 필요한 사항은 대통령령으로 정한다.

제13조(해외진출 지원) 정부는 1인 창조기업의 해외시장 진출을 촉진하기 위하여 관련 기술 및 인력의 국제교류, 국제행사 참가 등의 사업을 지원할 수 있다.

제14조(홍보사업 등) 정부는 1인 창조기업에 대한 국민의 인식을 높이고 1인 창조기업을 육성하기 위하여 다음 각 호의 사업을 추진할 수 있다.

1. 1인 창조기업의 성공사례 발굴·포상 및 홍보
2. 1인 창조기업 활성화를 위한 포럼 및 세미나 개최

3. 그 밖에 중소기업청장이 필요하다고 인정하여 공고하는 사업
제15조(보증제도의 수립·운용) 정부는 1인 창조기업의 설립 및 활동에 필요한 자금을 원활하게 조달하기 위하여 「신용보증기금법」에 따른 신용보증기금, 「기술신용보증기금법」에 따른 기술신용보증기금 및 「지역신용보증재단법」 제9조에 따라 설립한 신용보증재단으로 하여금 1인 창조기업을 대상으로 하는 보증제도를 수립·운용하도록 할 수 있다.
제16조(전담기관 지정 등) ① 중소기업청장은 1인 창조기업의 육성에 관한 시책을 효과적으로 수행하기 위하여 1인 창조기업 업무를 전담하는 기관(이하 "전담기관"이라 한다)을 지정할 수 있다.
   ② 정부는 예산의 범위에서 전담기관의 운영에 필요한 경비 일부를 보조할 수 있다
   ③ 제1항에 따라 지정된 전담기관이 아니면 이와 비슷한 명칭을 사용하지 못한다.
   ④ 전담기관의 지정 및 운영 등에 필요한 사항은 대통령령으로 정한다.
제17조(조세에 대한 특례) 국가와 지방자치단체는 1인 창조기업을 육성하기 위하여 1인 창조기업에 대하여 「조세특례제한법」, 「지방세특례제한법」, 그 밖의 조세 관련 법률로 정하는 바에 따라 소득세·법인세·취득세·재산세 및 등록면허세 등의 조세를 감면할 수 있다.
제18조(「식품산업진흥법」에 관한 특례) 「식품산업진흥법」 제2조제4호에 따른 전통식품을 제조하는 1인 창조기업에 대하여는 같은 법 제22조에도 불구하고 대통령령으로 정하는 바에 따라 전통식품의 품질인증 기준을 완화하여 따로 정할 수 있다.
제19조(보고·검사) ① 정부는 감독에 필요하다고 인정하는 경우에는 지원센터에 대하여 그 업무 및 재산에 관한 보고 또는 자료의 제출을 명하거나 소속 공무원으로 하여금 현장출입 또는 서류검사를 하게 하는 등 필요한 조치를 할 수 있다.
   ② 중소기업청장은 감독에 필요하다고 인정하는 경우에는 전담기관에 대하

여 그 업무 및 재산에 관한 보고 또는 자료의 제출을 명하거나 소속 공무원으로 하여금 현장출입 또는 서류검사를 하게 하는 등 필요한 조치를 할 수 있다.

③ 제1항에 따라 출입·검사를 하는 자는 그 권한을 표시하는 증표를 지니고 이를 관계인에게 내보여야 한다.

제20조(청문) 정부는 다음 각 호의 어느 하나에 해당하는 처분을 하려면 청문을 실시하여야 한다.
1. 제8조제4항에 따른 지원센터의 지정 취소 및 업무 정지
2. 제10조제4항에 따른 교육기관의 지정 취소 및 업무 정지
3. 제12조제2항에 따른 1인 창조기업의 아이디어 사업화 지원 대상 선정 취소

제21조(권한 등의 위임·위탁) ① 이 법에 따른 중앙행정기관의 장의 권한은 그 일부를 대통령령으로 정하는 바에 따라 특별시장·광역시장·도지사·특별자치도지사 또는 시장·군수·구청장(자치구의 구청장을 말한다)에게 위임할 수 있다.

② 중앙행정기관의 장은 이 법에 따른 업무의 일부를 대통령령으로 정하는 바에 따라 전담기관 등에 위탁할 수 있다.

제22조(벌칙 적용에서의 공무원 의제) 제21조에 따라 중앙행정기관의 장이 위탁한 업무에 종사하는 전담기관 등의 임직원은 「형법」 제129조부터 제132조까지의 규정에 따른 벌칙을 적용할 때에는 공무원으로 본다.

제23조(과태료) ① 제16조제3항을 위반하여 전담기관 또는 이와 비슷한 명칭을 사용한 자에게는 100만원 이하의 과태료를 부과한다.

② 제1항에 따른 과태료는 중소기업청장이 부과·징수한다.

부 칙

제1조(시행일) 이 법은 공포 후 6개월이 경과한 날부터 시행한다.

제2조(경과조치) ① 이 법 시행 당시 중소기업청장으로부터 1인 창조기업 지원센터의 업무를 위탁받아 수행하고 있는 기관 또는 단체는 이 법에 따른 1인 창조기업 지원센터로 본다.

② 이 법 시행 당시 중소기업청장으로부터 교육훈련에 관한 업무를 위탁받아 수행하고 있는 기관 또는 단체는 이 법에 따른 교육기관으로 본다.

1인 창조기업 지원대상 업종

☐ 제조업

관련 업종	산업 세세분류 명칭(분류번호)
제조업(10~33)	수산동물 건조 및 염장품 제조업(10212)
	떡류 제조업(10711)
	장류 제조업(10743)
	탁주 및 약주 제조업(11111)
	청주 제조업(11112)
	기타 발효주 제조업(11119)
	장식용 목제품 제조업(16293)
	나전칠기 가구 제조업(32022)
	모조귀금속 및 모조장신용품 제조업(33120)
	국악기 제조업(33204)

□ 지식서비스업

관련 업종		산업 세세분류 명칭
출판, 영상, 방송통신 및 정보서비스업(58~63)	출판업(58)	교과서 및 학습서적 출판업(58111)
		만화 출판업(58112)
		기타 서적 출판업(58119)
		신문 발행업(58121)
		잡지 및 정기간행물 발행업(58122)
		정기 광고간행물 발행업(58123)
		기타 인쇄물 출판업(58190)
		온라인·모바일 게임 소프트웨어 개발 및 공급업(58211)
		기타 게임 소프트웨어 개발 및 공급업(58219)
		시스템 소프트웨어 개발 및 공급업(58221)
		응용 소프트웨어 개발 및 공급업(58222)
	영상·오디오 기록물 제작 및 배급업(59)	일반 영화 및 비디오물 제작업(59111)
		애니메이션 영화 및 비디오 제작업(59112)
		광고 영화 및 비디오물 제작업(59113)
		방송 프로그램 제작업(59114)
		영화, 비디오물 및 방송프로그램 제작 관련 서비스업(59120)
		음악 및 기타 오디오물 출판업(59201)
		녹음시설 운영업(59202)
	컴퓨터 프로그래밍, 시스템 통합 및 관리업(62)	컴퓨터 프로그래밍 서비스업(62010)
		컴퓨터시스템 통합 자문 및 구축 서비스업(62021)
		컴퓨터시설 관리업(62022)
		기타 정보기술 및 컴퓨터운영 관련 서비스업(62090)

관련 업종		산업 세세분류 명칭
출판, 영상, 방송통신 및 정보서비스업(58~63)	정보서비스업 (63)	자료 처리업(63111)
		호스팅 및 관련 서비스업(63112)
		포털 및 기타 인터넷 정보매개 서비스업(63120)
		뉴스 제공업(63910)
		데이터베이스 및 온라인정보 제공업(63991)
		그 외 기타 정보 서비스업(63999)
연구개발업(70)		물리, 화학 및 생물학 연구개발업(70111)
		농학 연구개발업(70112)
		의학 및 약학 연구개발업(70113)
		기타 자연과학 연구개발업(70119)
		전기·전자공학 연구개발업(70121)
		기타 공학 연구개발업(70129)
		경제학 연구개발업(70201)
		기타 인문 및 사회과학 연구개발업(70209)
전문 서비스업(71)		광고대행업(71310)
		옥외 및 전시 광고업(71391)
		광고매체 판매업(71392)
		광고물 작성업(71393)
		그 외 기타 광고업(71399)
		시장조사 및 여론조사업(71400)
		경영컨설팅(71531)
건축기술, 엔지니어링 및 기타서비스업(72)		건축설계 및 관련 서비스업(72111)
		도시계획 및 조경설계 서비스업(72112)

	건물 및 토목 엔지니어링 서비스업(72121)
	환경컨설팅 및 관련 엔지니어링 서비스업(72122)
	기타 엔지니어링 서비스업(72129)
	물질성분 검사 및 분석업(72911)
	기타 기술 시험, 검사 및 분석업(72919)
	측량업(72921)
	제도업(72922)
	지질조사 및 탐사업(72923)
	지도 제작업(72924)

창업 준비 체크사항

① 창업동기는 명확한가?	어떤 목적으로 무엇을 하고 싶은지를 명확히 해야 한다. 동기가 애매하면 여러 곤란한 상황에 처했을 때 극복하기 어렵다. 그리고 창업 아이템이 고객 욕구 및 트렌드에 맞는지 아닌지를 판단하는 것도 중요하다
② 창업하려는 사업에 대해 경험 또는 지식이 있는가?	창업하려는 사업은 우선 경험이 있는 업종, 지식, 흥미가 있는 것이 좋다. 기술·기능·노하우 등을 습득하려면 경험이 매우 중요하다.
③ 사업을 계속할 자신이 있는가?	경영자는 법률, 회계, 세무, 노무 등 폭넓은 지식뿐 아니라 강한 의지, 노력, 체력, 금전감각이 필요하다
④ 가족에게 이해받고 있습니까?	최대의 협력자인 가족이 응원하고 있는가? 어려울 때 곁에서 힘이 되어주는 건 가족밖에 없다
⑤ 창업장소는 정해져 있는가?	업종에 따라 창업 입지도 중요하다. 입지조건이 좋은 곳은 채산이 맞지 않을 수 있으므로 신중해야 한다. 입지조건에 맞는 상품과 서비스인지도 검토해야 한다
⑥ 사원은 확보할 수 있는가?	필요한 인재상을 명확히 정하고 대상을 빨리 알아 본다. 사업이 궤도에 오를 때까지 인건비는 큰 부담이 되므로 아웃소싱 등을 고려하는 것이 좋다
⑦ 판매방식은 정했는가?	상품, 서비스, 기술 등의 제공방법 등 고객을 확보할 수 있는 방법을 강구

	했는가?
⑧ 매출 및 이익 등을 예측해 봤는가?	(매출·수입은 많게, 지출·비용은 적게 책정하는 어리석음을 범하지 말아야 한다. 동종업계의 실적 등 근거가 되는 수자에 근거하여 검토하라)
⑨ 자기자금은 준비 했는가?	(사업을 빨리 궤도에 오르게 하려면 차입금이 적어야 한다. 차입금에 대한 부담은 채산성 및 건전성을 악화시키는 원인이 된다. 창업을 생각하고 있다면 우선 착실하게 자기자금을 저축한다는 착실한 자세가 중요하다.
⑩ 사업계획서를 작성했는가?	(자신의 사업구상을 구체적으로 문자, 수자로 확인하는 것이 중요하다. 사업계획서는 투자자를 모집할 때의 설명자료뿐 아니라 자신이 하고 싶은 일, 실현가능한가를 명확히 하는데 있어서도 아주 중요한 자료이다)

사업계획서 작성방법

Ⅰ. 사업계획서 개요

1. 사업계획서(BusinessPlan)의 정의

사업과 관련된 내외적 요소를 사업목적에 맞게 문서로 작성한 계획서 즉, 사업과 관련하여 투자, 생산, 판매, 재무 등의 추진계획을 집대성한 보고서임
사업을 추진하는 주체가 보유하고 있는 사업아이디어를 투자, 생산, 판매와 같은 활동을 구체화 해가는 과정의 표현

2. 사업계획서의 용도

 1) 사업주체 자신을 위한용도

  사업추진주체가 구상한 사업을 실행할 때 발생 가능한 시행착오를 줄이는 길잡이 역할

 2) 이해관계자를 위한 용도

  이해관계자에게 구상한 사업 또는 추진 중인 사업의 내용 및 성공가능성을 제시하여 투자나 융자를 이끌어내는 제안역할

 - 이사회 혹은 후원자: 사업수행시의 재무적 결과에 관심
 - 은행: 사업수행시의 재무적인 결과에 관심
 - 투자자: 사업수행시의 재무적인결과에 관심
 - 공급/유통업체: 사업안의내용설명, BM의 설명 및 운영프로세스에 관심
 - 고객: 사업안의 설명 및 사업 안의 채택으로 얻게 되는 효과에 관심

3. 사업계획서의 종류

 1) 신규사업에 대한 사업타당성 검증용

 2) 사업승인 신청 및 창업인/허가용

 3) 사업자금조달을 위한 금융기관 또는 지원기관 제출용

 4) 일반투자 및 사업 참여를 위한 사업 설명회용

4. 기타 기간 또는 조직규모에 의한 분류

- 연간사업계획, 중장기사업계획
- 신규사업계획, 수정사업계획, 제안형사업계획
- 그룹사업계획, 전사사업계획, 사업부문사업계획, 팀사업계획

[TIP] 사업계획필요시점
 ①타당성과 구상단계
 ②창업단계
 ③초기성장단계
 ④성장단계
 ⑤안정단계
 ⑥처분단계

5. 사업계획서의 작성원칙

1) 신뢰성: 객관적 자료에 의해 전문가적 분석

2) 일관성: 각 부문 계획간 논리적 일관성확보

3) 가시성: 이해관계자가 사업을 이해할 수 있는 가시성확보

4) 독창성: 기존 사업이나 경쟁업체와 구별되는 특징부각

5) 설득성: 산업환경, 법규제등 대내외 주변여건에 대한 낙관필력

[TIP] 의사결정자들이 알고자 하는 5가지 사항
1) 명확한 사업모델을 포함한 사업 컨셉
2) 시장성
3) 명시적이고 차별적인 마케팅전략
4) 경영진과 인적조직 구성
5) 신빙성 있는 재무계획

6. 사업계획서의 구성요소

구분	항목	설명
사업계획	① 사업개요	추진하고자 하는 사업이 어떤것이고, 어떻게 그 사업으로부터 수익을 낼 것인가 하는 점을 기술
	② 제품/서비스 (技術설명 포함)	판매하고자 하는 제품 또는 서비스에 대해 기술
	③ 목표시장(수요자)분석	주 목표시장 즉 주요 수요자를 누구로 할 것인지 기술
	④ 경쟁제품 또는 경쟁사 분석	시장환경(관련산업 최근동향 등) 및 경쟁사 분석
	⑤ 마케팅 및 영업전략	가격정책, 광고 등의 판매촉진계획, 그리고 영업방법 등에 관한 내용 기술
	⑥ 사업팀 구성원과 사업추진 일정	사업화 단계에 필요한 인원계획 및 사업화의 추진내용별 소요기간을 기술
	⑦생산계획	사업성격에 따라 생산계획이 필요한 경우 작성하며 생산, 외주생산, 자체공장확보 등 개략적으로 계획을 기술
재무계획	① 초기투자계획	초기 사업화 준비에 따른 자금을 기간별 및 세부 내역 기술
	② 매출 및 비용 계획 : 손익계산서	예상 매출액과 비용을 적고 이에 따른 손익을 계산
	③ 자금조달계획	자금을 어떻게 조달할 것인가를 작성
기타 유첨자료		이외에 부가적으로 필요한 첨부

1) 사업제안형은 사업계획 중 ①~ ⑤번까지의 항목을 위주로 작성

2) 사내기업형은 취사선택하되 위의 항목 중 많은 부분이 포함되도록 작성

3) 별도 법인형은 사내기업형 작성요령과 같으며, 다만 자금조달계획이 꼭 포함되도록 작성

Ⅱ. 사업계획서 작성

1. 사업계획서 요약

사업계획서 총괄 및 요약정리 이외에 왜 이사업계획서에서 추진하고자 하는 사업이 성공할 것 이며, 본 사업계획서에 기술된 사업에 대한 투자결정이 성공적인 결말로 연결되는가를 긍정적이고 확신 있게 제시하여야 한다.

  1) 작성한 사업계획서의 총괄 및 요약정리
  2) 핵심어구만으로 구성된 사업타당성의 핵심적인 설명
  3) 향후 대응방안에 대한 요약제시 및 제언

2. 작성 시 유의사항

- 이장은 3페이지를 넘기지 않도록 한다.
- 철저히 사실적이며, 정확성과 정직성을 토대로 표현되어야 한다. 근거 없는 희망적인 진술이나 사업에 대해 미리 우호적인 비전을 표현하는 일은 계획서자체의 신뢰도를 저하시킨다.
- 사업계획서를 검토하는 의사결정자가 어떠한 Needs를 가지고 있는가를 생각하고 각자 다른 이해관계나 관점을 지니고 있는 의사결정자의 그룹에 맞는 Customized Summary로서 작성하는 것도 고려할 수 있다.

2. 사업개요

2.1 사업추진배경

사업계획서에서 제시하고 있는 사업의 Business Model을 선택하게 된 배경 및 해당사업의 개략적인 역사와 연혁에 관해 기술한다. 사업이 현재에 이르기까지의 발전과정 및 단계를 명확한 연표와 함께 기술하되 주요 원천기술의 발전연표 등의 정확한 데이터가 첨부될 경우는 이를 부록에 별첨시키도록 한다.

2.2 사업현황

사업의 현황을 기술하는 부분으로 사업의 주체 및 그와 관련된 간략한 사실 및 필요한 사전적 정보에 대한 설명이 이루어진다. 본 사업계획서의 목적 뿐 아니라 사업이 추진된 일시 및 관련인 등에 대한 정보를 얻을 수 있으며, 이를 바탕으로 사업계획서를 검토하여 보다 뚜렷한 이해에 이를 수 있으므로 간략하나 세심하게 체크하여 가능한 한 상세한 정보를 제공하는 것이 좋다.

2.3 Mission and Vision

사업계획서가 추진하고자 하는 새로운 사업, 사업모델, 사업주체가 장기적으로 추진, 달성하고자 하는 목표나 임무 등과 관련한 설명을 포함한다. 사업계획서를 검토하는 과정에서 계획서에 기술되어 있는 사업의 미래에 관한 장기적인 형태에 관한 이해를 얻을 수 있도록 하는 한편, 이를 바탕으로 사업이 추진되어 가는 일관적인 지침을 얻는 데에 그 목적이 있다.

3. 제품 및 서비스

3.1 Business Model 개요

해당사업의 중심이 되는 사업모델에 대한 구체적인 설명을 기술한다. 반드시 해당사업모델을 총괄적으로 설명할 수 있는 도표 혹은 그림을 첨부하고 이를 이용하여 설명하도록 한다.(사업모델의 특허취득을 위해서도 반드시 도식적으로 표현된 설명자료는 반드시 필요하다)

3.2 Business Model 세부내용

앞서 설명한 Business Model이 실제로 어떠한 내용으로 어떠한 사람들에게 어떠한 이익을 어떻게 제공하는가에 대한 자세한 설명을 기록한다. 필요하다면 각종 그림과 표를 사용하여 알기 쉽게 사업의 내용을 설명하도록 한다. 앞서 설명한 Business Model이 주로 솔루션 혹은 기술적요소를 바탕으로 설명한 것이라면 이 장은 보다 광범위한 관점에서 사업이 고객에게 제공하는 제품 혹은 서비스의 내용에 대한 설명을 하도록 한다.

4. 핵심기술

4.1 기술개요

본 사업계획서에서 설명하는 비즈니스모델이나 제품 혹은 서비스에 관련하여 핵심요소 기술을 각 항목별로 설명한다. 주의할 점은 사업계획서의 검토자는 대개 재무적, 인적투자결정권을 가지고 있는 의사결정자인 경우가 대부분이므로 어려운 기술용어나 자세한 기술적 설명은 부록에 첨부하고 기술의 기능적 설명과 각 기술적 요소간의 상호 작용성 등에 주안점을 두어 설명하도록 한다.

4.2 기술관련 제반정보

앞의 절에서 제시한 기술(들)에 관련한 기타 제반사항을 기술한다. 기술되어야 하는 항목들은 다음과 같다.

1) 해당비즈니스모델/제품/서비스에 요구되는 기술수준 설명

2) 제시된 수준에 필요한 자원 설명

3) 관련 기술 경향/ 개발현황 설명 및 향후 발전방향

4) 현시점에서 사업추진주체가 보유 혹은 활용가능한 특허 및 지적재산권

등 설명

4.3 기술관련 요구사항

각 요소기술별로 혹은 통합적인 관점에서 기술구현에 요구되는 사항 및 그 수준을 비교적 자세히 기술한다.

1) 요구되는 각 전문분야의 설명

2) 해당분야에서 요구되는 인력의 Qualification이나 Career Background 제시

3) 기술구현에 요구되는 요소 기술설명 및 대응방안 제시

4) 사업주체의 기술개발계획제시(특허 및 지적재산권취득/ 도입계획 등 포함)

5) 현재까지의 기술개발 비용 및 향후 필요한 자금내역설명

5. 대상시장

5.1 시장분석

여기서 중요한 것은 필연적으로 변화가 예상되는 사업의 주변 환경에 대해 사업추진주체가 알고 있는 바를 보여주어야 하고, 이러한 변화가 사업에 어떻게 영향을 미칠 것 인가를 설명해주어야 한다.

1) 대상시장을 분류(Segmentation) : 시장의 분류기준설명과 그 근거제시 필요

2) 대상시장의 선정(Targeting)

3) 대상시장의 분석: 도출된 대상시장에 대한 사업적인 특성, 인구통계학적인 특성등 제반사항 설명

4) 대상시장 내 에서의 해 당 비즈니스모델의 사업성 및 시장의 현황과 향후 경향 예측

5.2 고객분석

해당 사업모델의 대상고객을 정의한다. 또한 본 사업계획서에서 설명하는 내용이 해당고객Needs에 부합하는가의 여부를 설명하는데에 그 목적이 있다. 고객분석을 위한 내용은 다음과 같다.

1) 대상시장 내 에서 고객의 Needs 분석

2) 고객세분화(분류기준 및 그 근거의 제시)

3) 고객이 본 사업계획서의 비즈니스모델/제품/서비스를 채택한 근거 및 메커니즘 설명

4) 경쟁사와 대비하여 본 사업의 비즈니스모델/제품/서비스를 선택함으로써 얻을 수 있는Benefits 설명

5) 고객의 미 충족 욕구분석

5.3 경쟁업체분석

해당 비즈니스모델과 경쟁관계에 있는 제품/서비스/비즈니스모델과 시장에서의 경쟁환경을 설명한다. 유의할 점은 해당 비즈니스모델을 경쟁우위적

측면에서 비교분석을 그 목적으로 한다. 제시되어야 할 내용은 다음과 같다.

1) 해당 비즈니스모델 관련 경쟁환경 설명

2) 경쟁제품/서비스/비즈니스모델설명(필요할 경우 비교도표 자료첨부)

3) 당 비즈니스모델이 가지고 있는 경쟁우위요소기술

4) 시장에서 당 비즈니스모델이 가진 경쟁우위요소가 긍정적으로 작용하는 근거

5) 당사와 경쟁사의 시장내에서의 positioning 분석

5.4 사업추진역량

널리 활용되는 3C 분석을 통해 해당하는 내용을 비즈니스모델을 추진하는 사업주체로서 사업추진역량을 제한적으로 간결하게 적용한 부분에 해당한다. 지금까지 분석한 자사역량, 경쟁사, 시장에 관한 내용을 통합 분석하는 기회가 될 것이다. 필요한 경우 도표를 통한 SWOT분석 등의 분석도구를 이용하여 알기 쉽게 사업추진을 위한 역량에 대한 현상 혹은 필요조건 등과 같은 사항들을 기록 하도록 한다.

6. 마케팅계획

6.1 마케팅전략

해당사업 혹은 사업계획서가 검토하고 있는 비즈니스모델로서 추진하고자 하는 사업의지배적인 마케팅정책의 목표나 방향성을 제시한다. (예를 들어, 회사가 일관적으로 추진하고자하는 시장전략이 원가절감 전략이다. 혹은 특정시장 집중화 전략이다. 혹은 차별화전략이다 등의 지배적 전략제시)

6.2 시장진입전략

대상 시장이 미개척 시장인 경우 혹은 경쟁자나 경쟁사업이 혼재한 경우에 고객의 반응을 면밀히 살피고 그에 따라 시장에 진입하는 초기전략은 마케팅전략의 성패를 가늠하는 중요한 부분이다. 사업초기에 사업전체 혹은 해당비즈니스모델의 대상시장진입과 고객수요확보를 위한 핵심전략을 기술한다. 앞서 제시한절에서 사업일반전략을 진술했다면 시간적으로 매우단기간의 초기사업전략을 명확히 기술한다. 초기진입전략에 있어 고려해야 할 주요사항은 다음과 같다.

1) 경쟁비교우위를 확보할 수 있는가?

2) 사업초기진출이 사업의 특수성을 반영하고 있는가?

6.3 매출계획

사업계획서 전범위에 걸쳐서 검토를 하는 경우에 있어서도, 사업계획서를 검토하는 입장에서 가장관심이 있는 경우는 대개 재무적 평가자료와 마케팅에서의 계량적 시장자료와 그에 대한 예측자료들이다. 즉, 사업계획서가 제시하는 비즈니스모델/제품/서비스의 시장성에 관한 정보를 명확히 제시하는 것이 중요하다. '얼마나 팔 수 있을 것인가?'에 관한 계량적인 답안을 제공하는 것을 그 목적으로 한다.

1) 대상시장에서의 영업목표(매출액 및 시장점유율) 설정

2) 목표설정근거제시

3) 해당비즈니스모델/제품/서비스의 Pricing 및 근거 제시

본 계량모델의 설정에서는 반드시 현실적으로 실현가능하도록 조직의 역량이나 각종 도구들로서 뒷받침되어야한다.

7. 인원운영계획

7.1 사업인력구성

새로운 사업운영의 핵심이라고 할 수 있는 사업인력의 구성과 사업의 장기적인 경쟁우위의원천인 기술인력에 대해 설명한다. 현재의 추세는 사업을 추진하려는 인력의 역량을 중요시하므로 주요구성원의 경력/학력 등에 관련한 설명을 한다. 필요한 경우 자세한 정보를 위한 이력서등은 부록에 첨부하도록 한다.

7.2 운영 및 관리계획

사업모델 및 사업내용이 추진되는 사업추진주체 내외부의 업무내용/협력내용 등을 간단히 도식화하여 이해할 수 있도록 첨부한다. 특히 운영프로세스나 관계 등은 Diagram을 이용하여 표시하는 것이 이해에 편리하다.

8. 재무계획

8.1 재무제표

사업계획서가 채택하고 있는 재무제표에 대한 간략한 설명과 가장 대표적인 전망치를 도표와 함께 기술한다. 재무제표에 관한 기본적인 사항은 사업시작연도에는 월별로제공하고 그 이후에는 분기별로 제공하며 필요할 경우에는 연간분석만으로도 가능하다.

1) 재무제표에 대한 간략한 설명
2) 간략한 전망치를 도표로 기술

3) 사용되는 재무분석 혹은 재무제표와 관련한 회계적 가정제시

8.1.1 예상손익계산서
우선 가장 기본적으로 손익계산서의 예측치를 기술한다. 손익계산서는 사업계획서의 검토자로 하여금 사업성을 가장 먼저 가늠해 볼 수 있는 도구이다. 지금까지 전술한 사업내용의 모든 활동과 관련 지어 비용과 수입을 계량화하고 손익계산서상에 상세한 예측을 기술 하도록 한다. 또한 의사결정자나 투자자들로 하여금 손익과 관련된 명확한 이해를 돕기 위하여, 손익분기점을 예측하고 손익분기점을 기준으로 비용과 수익을 설명하는 손익분기차트를 도시하는 것도 좋다.

8.1.2 예상대차대조표
우선 가능하다면, 전년도 혹은 사업계획 해당년도까지 참조가능한 대차대조표를 작성한다. 또한 사업추진이후 추정대차대조표는 주요항목만으로 간명하게 작성하도록 하나 반드시 근 거가 명확하게 뒷받침되어야 한다. 또한 자산의 구매와 관련하여 구매가 기대되는 자산의 항목들과 액수를 시기별(필요에 따라 월별, 분기별, 혹은 년도별)로 표시한 고정자산구매일정표도 첨부하도록 한다.

8.1.3 예상 현금흐름표
실제적으로 기업활동의 지표가 되는 현금흐름을 예측하여 추정현금흐름표를 작성한다. 예상손익계산서와 더불어 의사결정자 혹은 투자자들이 가장관심을 가지고 검토하는 부분에 해당한다. 시작연도는 월별현금운영계획을 세워 제시하고 사업이 경기변동에 민감하거나 급성장이 예상되는 등의 잦은 변동이 예상되는 경우에는 차기 1개년도 역시월별로, 현금흐름을 예측하여 작성한다. 일반적으로는 사업추진 시작연도는 월별로 차후년도부터 2개년은 분기별로 현금흐름표를 작성한다.

8.2 경제성분석

사업추진으로 회사가 얻게 되는 경제적 효익에 대한 분석을 실시한다. 일반적인 방법으로는 회수기간법(Payback Period), 순현가법(NPV: Net Present Value), 내부수익률법(IRR: Internal Rate of Return) 등을 사용한다.

8.3 시나리오분석 및 재무적 민감도 분석

사업계획서에서 검토 중인 사업이 전혀 새로운 영역이나 신규시장의 창출과도 같은 색다른 환경에 직면하게 될 경우 비교적 신빙성 있는 계획을 세우기 곤란한 경우가 빈번하다. 따라서 그러한 경우에 사업계획서 작성자는 예측가능 한 시나리오를 가능성별로 작성하여 그에 따른 재무적인 예측을 제공할 필요가 있다. 일반적으로는 회사의 성장가능성을 High/ Mid/ Low 로 나누어 각각의 결과를 기술하기도 한다. 즉, 원부자재의 가격 변동 등에 따른 사업의 결과변화를 조사해 본다.

8.4 비율분석

사업의 전망이나 사업성은 대략동종업계나 관련사업과의 주요항목의 비율분석으로 가늠 할수 있다. 따라서 타 관련 사업대비 우수한 사업성이 예견될 경우에(혹은 객관적인 비교자료제시를 요구하는 경우에)각종 비율 분석자료를 제시하면 경쟁 환경에서 사업성을 검토하는데에 보다 유리하게 작용할 수 있다. 주요항목은 다음과 같다.

1) 계획된 재무분석상의 주요항목비율과 관련 산업/기업평균치비교
2) 비교자료가 국내시장에 없을 경우나 국제경쟁이 예상되는 경우에 선진국의 도입 경우 대비 비교자료 제시
3) 위의 두경우에 대해 차이가 나는 항목에 대해(+)의 경우는 경쟁우위의 원천 등과 같은 요인을 (-)의 경우에는 역시부연/설명에 필요한 근거자료를 제시한다.

8.5 투자요청안

투자유치가 필요한 자금의 규모를 기술한다. 또한 총 투자규모액수를 어떻게 조달 할 것인가에 관한 방법도 각각 기술한다. (예로 Venture Capitalist, 대출, 사내지원금 등에 관한 기술) 주의할 점은 항상 투자결정권을 쥐고 있는 의사결정자들이 자신의 의향에 따른 투자 안을 제시하기 전까지 투자 안을 너무 구체화하지 않는 것이 좋다. 실제적으로는 사업투자에 관한 대부분의 의사결정은 결정권을 쥐고 있는 의사결정자가 결정하는 것이기 때문이다. 따라서 본장에서의 설명은1,2페이지 내외의 짧고 간단한 사업역할(예로 마케팅, 생산 등 부문별)에 따른 투자규모 설명 및 개략적인 총액설명 등과 같은 부분에서 정리되어야 한다.

8.5.1 투자규모예상 및 예산안 편성

실제적인 사업의 투자는 사업을 추진하는 사람(혹은 팀)의 모든 수요를 충족시키지 못할 경우도 종종 일어난다. 또한 사업성이 기대되는 사업의 경우 기대된 투자규모를 초과하는 부분이 발생할 수도 있다. 따라서 사업계획서를 작성하는 작성자는 반드시 자신이 제시한 투자예상액수가 충족 될 경우와 그렇지 못할 경우를 생각하고 이에 대한 예상을 명시해 놓아야한다. 이는 별도의 도표로서 제공할 수 도 있고, 단순한 언급으로 처리될 수 도 있으나, 가능한 한 명시적으로 투자자들로 하여금 이에 대한 대비가 되어있음을 알리는 것이 필요하다.

1) 투자유치가 필요한 자금액수계산

2) 자금조달방법 및 그 비율계획

3) 투자자지분율 세분화 및 명시

8.5.2 투자회수전략

자금의 투입결정이 수행되면 투자한 금액을 어떻게 얼마나 회수할 수 있는 가에 관한 설명을 제공한다.

1) 자금회수 전략제시

2) 예상수익률 계산 및 근거자료 첨부

3) 연도별 예상수익률 제시 및 근거자료 첨부

9. 사업실행계획

앞서 제시한 모든 자료들을 토대로 사업계획서 작성자가 구상하고 있는 사업의 전개모습을 정리하여 기술한다.

9.1 사업시나리오작성

관련 사업영역과 비즈니스모델, 시장상황을 고려하여 향후 사업시나리오를 작성한다. 이장의 내용은 일목요연한 도표로 표현하거나 시간의 흐름에 따라 시간적인 차트로 표현하면 이해가 쉽다.

한편, 한사업에는 예측가능한 시나리오가 반드시 하나로 국한되는 것은 아니다. 이러한 경우에는 사업의Performance의 예상치 별로 나누어(예로 High/Mid/Low) 각 시나리오별로 간략히 주요사업 전개방향을 제시하도록 한다. 사업시나리오에는 반드시 시기에 맞게 사업의 주요 Checkpoint를 작성하여 표시하도록 한다. 완성된 사업시나리오는 다음절에 제시되는 사업실행계획 작성의 바탕이 되므로 신중하게 작성하여야 한다.

9.2 실현가능성검토

제안된 시나리오별 업무추진전략의 실현가능성 추정 및 근거자료를 제시하고, 각각의 시나리오 중에서 가장 높은 실현가능성을 가진 시나리오와 해당 전략을 가려낸다. 이렇게 가려진 최후의 시나리오 전략을 검토하고 완성하도록 한다. 이 시나리오로서 다음절에서 본격적인 사업의 실행계획표를 작성하게 된다.

9.3 실행계획표작성

본격적으로 사업추진 Time-Table과 목표로 하는 사업형태완성 이후의 업무추진을 명확한 도표로 이해가 쉽도록 표현한다. 실행계획표에서는 업무추진상 주요한 의사결정시점 뿐 아니라 주요예상 의사결정내용을 작성, 제시하도록 한다. 또한 제시된 전략에 따라 실현가능성이 높은 순으로 세부실행 향후 계획안을 제시하도록 한다.

자금조달

1. 중소기업청

☐ 특례보증

창의적 아이디어, 전문지식, 기술, 지식재산권을 사업화하는 1인창조기업의 창업활성화와 일자리 창출을 위해 보증지원을 하고 있습니다.

○ 사업목적
  일반 기업에 비해 상대적으로 신용도가 떨어지는 1인 창조기업을 대상으로 특례보증을 실시함으로써 1인 기업의 자금 확보능력 강화

○ 대상기업
  창의적인 아이디어, 전문지식·기술, 지식재산권을 사업화하는 1인기업으로 다음 각호를 모두 충족하는 기업
  - 별도의 상시근로자 없이 대표자 1인이 영위하는 신기술사업자
  - 1인 창조기업 지원대상 업종 영위기업*
    * 세부업종은 '별첨' 참조(중소기업청 '1인 창조기업 지원사업 공고(제'09-63호)'중 업종 일부 조정)

○ 대상채무
  창업 및 운영을 위한 운전자금, 사업장 임차자금 및 시설자금

○ 특례보증 지원한도
  같은 기업당 보증금액 3억원 이내(시설자금은 해지 후 잔액 기준)

○ 보증비율

95% 부분보증으로 운용하되, 아래의 경우에 해당될 경우 전액보증으로 운용 가능
- 창업후 3년이내 : 운전자금 3억원, 시설자금 포함 5억원까지
- 창업후 3년초과~5년이내 : 보증금액 5억원까지
 * "시설자금에 대한 특례보증"에 해당되는 경우 동 특례조치상 보증비율 적용 가능

○ 보증료
같은 기업당 보증금액 1억원까지 0.3% 감면
같은 기업당 보증금액 3억원까지 0.2% 감면
 * 같은기업당 보증금액 3억원 초과기업은 현행 보증료 관련 제규정 적용

2. 신용보증기금

	대상기업	대상채무	Credit Line(보증한도)	주요특성
Start Up I 보증	사업개시일로부터 보증신청 접수일까지의 기간이 6개월 이내인 기업 (음식점업, 소매업 등 일부 업종 제외)	운전자금, 사업장 및 부속시설 임차자금, 시설자금	보증승인후 3년간 최대 3억원 (3개년에 걸쳐 순차적으로 지원)	신용보증기금 전영업점에서 창업 초기기업에 대하여 신속하게 지원
Start Up II 보증	사업개시일로부터 보증신청 접수일까지의 기간이 1년 이내인 기업 (음식점업, 소매업 등 일부업종 제외)	운전자금, 사업장 및 부속시설 임차자금(시설자금 제외)	보증승인후 3년간 최대 3억원 (3개년에 걸쳐 순차적으로 지원)	코딧 신용보증기금의 전영업점에서 창업초기기업에 대하여 신속하게 지원

Start Up Ⅲ 보증	사업개시일로부터 보증신청 접수일까지의 기간이 1년초과 3년이내인 기업으로서 - 제조업(제조관련 도매업 포함) - 코딧 신용보증기금이 따로 정하는 지식기반·유망서비스업 - 코딧 신용보증기금이 따로 정하는 문화기술 관련 업종 등	운전자금, 사업장 및 부속시설 임차자금(시설자금 제외)	보증승인후 3년간 최대 5억원 (3개년에 걸쳐 순차적으로 지원)	창업초기의 제조업 및 유망서비스업 등 영위기업에 대하여 우선 지원

3. 기술보증기금

□ 기술창업기업특례보증

○ 개요
기술력을 보유하고 있는 기술창업기업에 대한 보증우대 지원방안을 마련하여 원활한 자금지원을 통한 기업의 성장기틀 마련에 도움을 드리고자 시행하고 있는 제도

○ 대상기업
창업 후 5년이내인 기술창업기업

○ 같은 기업당 지원한도
같은 기업당 기금 보증금액 5억원이내

- 단, 창업후 3년이하인 경우 운전자금보증은 3억원이내

○ 우대내용
    신용도 유의기업 검토 완화
    보증금액 사정 완화 (소요자금의 100% 이내)
    보증료 감면 확대 (0.3% 감면)
    보증비율 예외 운용(95%,단,창업후 1년이내인 경우는 전액보증 운용 가능)

○ 기타
    신규보증한도 7,000억원을 별도 설정하여 한도소진시까지 운영 (2010. 1월부터 시행중)
    신청기업이 희망할 경우 벤처확인평가 및 이노비즈 인증평가 동시 진행가능

□ 맞춤형 창업성장 프로그램

○ 개요
    창업유형에 따라 애로를 겪고 있는 분야에 대해 수요자 맞춤형 지원제도를 정비함으로써 일자리 창출을 확대하고 창업 분위기를 확산시키기 위해 도입된 제도

○ 대상기업
    창업후 5년 이내 기업으로서 아래 해당기업(단, 1인 창조기업의 경우 업력제한 없음)

지원분야	지원대상	해당업종
녹색성장창업	녹색성장산업(신성장동력산업, 그린에너지산업)영위기업	- 신성장동력산업 : 에너지·환경, 수송시스템, New IT, 융합신산업, 바이오, 지식서비스 - 그린에너지산업 : 신재생에너지,

		화석연료청정화, 효율성향상 업종
지식기반창업	지식기반산업(지식기반제조업, 지식기반서비스업)영위기업	- 지식기반 제조업 : 정밀화학, 메카트로닉스, 전자·정보통신기기, 신소재, 우주항공 등 - 지식기반 서비스업 : 정보통신서비스, 소프트웨어, 데이터베이스, 문화산업, 전자상거래, 시장조사 및 여론조사 등
이공계 챌린저 창업	대표자(실제경영자포함)가 이공계 출신자로서 만35세이하인 기업	- 신기술사업자
1인 창조기업	창의적인 아이디어, 전문지식·기술,지식재산권을 사업화하는 1인 기업	- 제조업(전통식품, 공예 등) - 출판,방송통신 및 정보서비스업 - 연구개발업, 엔지니어링 및 기타 과학기술 서비스업 - 전문디자인업, 광고업 -창작 및 예술관련 서비스업 - 상기업종을 영휘하고 별도의 상시근로자 없이 대표자 1인이 영위하는 신기술사업자

○ 대상채무
　창업 및 운영을 위한 운전자금, 사업장 임차자금 및 시설자금

○ 보증운용 및 우대
 - 보증료율 최대 0.3% 감면
　　(단, 이공계챌린저창업의 경우 같은 기업당 보증금액 1억원까지 고정보증료율 0.8% 적용)95%부분보증 또는 전액보증으로 운용. 단, 전액보증은 창업 후 1년이내인 경우에는 가능
 - 우대보증으로 지정 : 신용도 유의기업에 대한 전결권 완화

- 고용창출 특별운전자금한도 신설
  * 최근 6개월이내 또는 향후 6개월이내 신규 고용(예정)인원에 대해 1인당 20백만원을 특별한도로 최고200백만원까지 추가지원

관련 사이트

창업종합정보
중소기업청 창업넷 http://www.changupnet.go.kr
중소기업 지원 종합정보서비스 http://www.bizinfo.go.kr
서울산업통상진흥원 http://www.sba.seoul.kr
소상공인진흥원 http://www.sbdc.or.kr
서울특별시소상공인지원센터 http://www.seoulsbdc.or.kr
한국여성경제인협회 http://www.womanbiz.or.kr
한국장애경제인협회 http://www.kdea.or.kr
창업진흥원 http://www.kobia.or.kr
온라인 원스톱 재택창업시스템 http://www.startbiz.go.kr
아침기술경영연구원 비즈니스센터 http://cafe.naver.com/amotisebi

창업자금정보
서울신용보증재단 http://www.seoulshinbo.co.kr
신용보증기금 http://www.kodit.co.kr
기술보증기금 http://www.kibo.or.kr
근로복지공단 http://www.kcomwel.or.kr
사회연대은행 http://www.bss.or.kr/web
한국장애인고용촉진공단 http://www.kepad.or.kr
장애인기업종합지원센터 http://www.debc.or.kr

창업교육
하이서울 창업스쿨 http://school.sba.seoul.kr
맘프러너 창업스쿨 http://edumom.seoul.kr
소상공인 e-러닝센터 http://edu.sosang.or.kr

기타
한국산업단지공단 http://www.kicox.or.kr
벤처산업협회 http://www.venture.or.kr
한국여성벤처협회 http://www.kovwa.or.kr
중소기업기술정보진흥원 http://www.tipa.or.kr
서울시여성능력개발원 http://wrd.seoulwomen.or.kr
벤처인 http://www.venturein.or.kr

1인 창조기업 대박 나기

초판 1쇄 인쇄 2011년 4월 25일
초판 1쇄 발행 2011년 5월 2일

지은이   김경환 은희국
펴낸곳   (주)아침기술경영연구원
편집   설유상 송근혁 임지민

등록   제 25100-2010-000007호
주소   서울시 구로구 구로동 212-30 에이스트윈타워2차 1110호
대표전화   02-865-3007
팩스   02-865-2369
홈페이지   www.amoti.kr

ISBN 987-89-966154-0-8